T0203331

Cuando el desierto florece

El libro que hace brotar tu sonrisa interior

Prem Rawat

AGUILAR

El cántaro agujereado

En un lejano lugar de las montañas vivía un campesino que bajaba todos los días con dos cántaros de barro hasta el arroyo que cruzaba el valle y allí los llenaba de agua para regar su huerta.

Con los cántaros colgando en ambos extremos de una vara de madera, subía por un empinado sendero hasta su terreno, que estaba en lo alto del cerro. Era un trabajo arduo, pero al hombre le gustaba mucho cuidar de su huerta.

Un día muy caluroso de verano decidió tomarse un descanso a mitad de camino y, al dejar los cántaros en el suelo, un guijarro hizo un pequeño agujero en uno de ellos. Meses más tarde, mientras el hombre dormía la siesta a orillas del arroyo, el cántaro que estaba intacto le dijo al otro:

—Tú no sirves para nada.

—¿Por qué dices eso? —preguntó el cántaro agujereado.

—Porque tienes un agujero. Todos los días nuestro amo hace un gran esfuerzo para acarrear agua hasta su huerta, pero para cuando llegamos allí, has perdido la mayor parte por el camino.

Al oír eso, el cántaro agujereado se entristeció mucho y al día siguiente le dijo al hortelano:

—Estoy muy triste.

—Dime, amigo mío, ¿por qué estás triste?

—Porque cada día me llenas de agua y subes con gran esfuerzo hasta la huerta, pero para cuando llegamos, la mayor parte del agua se ha escapado por el agujero.

—Es verdad, tienes un agujero —dijo el campesino—, pero ¿sabes lo que significa eso?

—Significa que no sirvo para nada, que ya no puedo cumplir con mi función, que es contener agua —respondió el cántaro, sintiéndose aún más triste.

—¿Te has fijado en el camino que sube a la huerta? —preguntó el hombre—. Gracias a ti, la orilla del sendero ahora está llena de flores. Cuando me di cuenta de que tenías un agujero, empecé a arrojar semillas a lo largo de todo el camino. Ahora el sendero está adornado de bellos colores, y las abejas vienen a recoger el néctar de las flores. Como ves, no eres inútil en absoluto.

Tú

¿Sabes quién eres?
Esta pregunta puede parecer extraña,
pero en realidad, tu historia comienza
cuando empiezas a sentir
lo que está ocurriendo dentro de ti.

01/

Si esta vida es tu historia, ¿no te gustaría asegurarte de que sea una historia interesante?

Algunas personas quieren que su historia sea una aventura, quieren escalar el Himalaya o hacer cosas que nadie haya hecho jamás. Pero la mayor de todas las aventuras es mirar hacia dentro y llegar a conocer tu verdadero ser, eso que nunca cambia, aun cuando tu cuerpo vaya envejeciendo.

Estarás contigo durante toda esta historia, pero ¿llegarás a convertirte en tu propio amigo? ¿Estás dispuesto a escuchar lo que de verdad quieres? Eso que siempre has querido, ese deseo que nunca desaparece. Cuando puedas sentirlo, estarás listo para empezar a escribir tu historia.

02/

Conoces a quienes te rodean, pero
¿te conoces a ti mismo?

03

Paciente: Doctor, tengo mucho dolor.

Doctor: ¿Dónde le duele?

Paciente: En todas partes. Cuando me toco la cabeza, me duele; si me toco la mandíbula, me duele; al tocarme la oreja, la pierna... me toque donde me toque, me duele.

Doctor: Ya veo. Creo que lo que tiene roto es el dedo.

04

¿Te has ocupado de tu relación contigo mismo? ¿O has estado más pendiente de lo que los demás puedan pensar de ti?

Nos preocupamos por cómo nos ven nuestros vecinos y colegas. Hemos aprendido a medirnos con la escala de valores del mundo, a medir nuestra posición social, nuestro nivel de éxito.

Lo que importa es cómo nos sentimos. ¿Nos sentimos bien? ¿Estamos a gusto o no?

No pierdas ni un instante en medirte a ti mismo. Comienza a prestar atención a lo que ocurre dentro de ti. Estarás contigo durante toda esta historia, así que ocúpate de conocer a ese compañero, de conocer esa fortaleza.

05

El coco

En cualquier islita tropical deshabitada encontrarás un cocotero alto y fuerte. ¿Cómo llegó allí? Haciendo un viaje increíble atravesando un entorno realmente hostil. Ese pequeño coco no tiene mapa, ni GPS ni vela ni motor. Sin embargo, tiene dentro de él todo lo que necesita en su travesía. Para sobrevivir en el océano y poder brotar cuando llegue a la nueva costa, necesita agua. Durante la travesía estará rodeado de ella, pero como no puede usar el agua salada, lleva dentro de él agua dulce. Su corteza le permite flotar, lo protege durante el viaje y sobresale del agua solo lo suficiente para que el viento lo impulse, como si fuera una vela.

El coco parte valientemente con rumbo desconocido. Al caer del cocotero, va rebotando con el ir y venir de las olas. Una y otra vez trata de salir a mar abierto y, cuando lo logra, deja que el viento y las corrientes marinas lo empujen, y emprende la travesía.

En medio del océano lleno de olas gigantescas, el pequeño coco no muestra ningún temor. Nosotros construimos navíos, enormes barcos de carga, pero cuando viene la tormenta, todos se dirigen al puerto más cercano y esperan a que pasc. El humilde coco no hace eso. Se deja arrastrar, sube y baja con cada ola y aprovecha la tormenta para seguir avanzando.

Y un día, la marea alta lo deposita en la costa. Allí echa sus raíces calladamente y, al cabo de un tiempo, habrá un nuevo

coco listo para levar anclas desde allí. El coco saca el mejor partido posible de lo que tiene, no duda en aprovechar todas las oportunidades que se le presentan y finalmente encuentra su espacio, su lugar para vivir.

Nosotros también tenemos todo lo que necesitamos para poder encontrar nuestro lugar, para usar nuestra valentía y hallar un rincón en nuestro interior donde podamos sentirnos bien con nosotros mismos.

Elegir

Elige con claridad
y luego pon en práctica lo que has elegido.
Desarrolla tu capacidad de sentir
lo que está ocurriendo en tu interior
y permite que sea esa la base de tu vida.

06

Creer es como hacer una cola que nunca se acaba. En esa cola muchos piensan que cuando llegue su turno sucederá algo especial, que alguien extraordinario vendrá a solucionar todos sus problemas.

El más capacitado para resolver tus problemas eres tú. Si empiezas a ver con claridad, si tomas buenas decisiones y las pones en práctica, no tendrás necesidad de creer en algo que quizá ocurra o quizá no.

07/

En la vida tenemos que elegir. Incluso cuando la situación sea desesperada, tendremos que elegir. A veces puede resultar difícil, pero todos tenemos en nuestro interior una gran fortaleza. Cuando no somos conscientes de ello, nos ponemos a buscar a alguien que nos ayude. Pero no hay por qué buscar fuera; cuando esa increíble fortaleza está dentro de ti, solo tienes que conectarte con ella.

He visto a personas que están en situaciones terribles, en las circunstancias más difíciles que puedas imaginar. Voy a cárceles y hablo con presos que no tienen posibilidad de salir jamás de allí. Sin privacidad. Siempre con una amenaza de violencia flotando en el aire. En circunstancias desesperadas.

Sin embargo, también he visto cómo esas mismas personas encuentran fortaleza dentro de ellas y empiezan a brillar. Y no lo digo en sentido figurado, como algo imaginario o como una idea bonita. Realmente empiezan a brillar.

Usa tu fortaleza, usa tu sinceridad y conoce tu verdadero yo, el ser interior. Y luego, sobre esa base firme, elige y empieza a poner en práctica lo que has elegido.

08

Las dos hormigas

Un día, dos hormigas se encontraron por casualidad. Una vivía en un montículo de azúcar y la otra en uno de sal.

—Nunca te había visto por aquí, ¿de dónde eres? —dijo la hormiga de la sal.

—Vivo en una colina de azúcar —respondió la otra.

—¿Azúcar? ¿Qué es eso?

—Es algo que tiene un sabor dulce y delicioso. De solo pensarlo, ya lo estoy saboreando. ¿Seguro que nunca lo has probado?

—Donde vivo solo hay sal, que se puede comer, pero da mucha sed. Suena muy bien eso del azúcar.

—Bueno, ¿por qué no vienes a visitarme y lo pruebas?

Se pusieron de acuerdo y la hormiga del azúcar le explicó a la otra cómo llegar a su colina.

Cuando se acercaba el día de la visita, la hormiga de la sal se puso a pensar:

—¿Y si no me gusta el azúcar? Después de un viaje tan largo seguramente tendré hambre. Por si acaso, llevaré un poco de sal en la boca.

—¡Bienvenida a mi colina! Toma, aquí tienes un poco de azúcar. Pruébala y verás qué buen sabor tiene.

La hormiga de la sal se puso un poco en la boca y dijo:

—Mmm... Tiene exactamente el mismo sabor que mi sal.

Desconcertada por su reacción, la otra insistió:

—¿Estás segura? El azúcar y la sal tienen un sabor muy diferente. Prueba un poco más.

La hormiga de la sal lo hizo y respondió:

—Sí, tiene el mismo sabor que mi sal. Tú lo llamas «azúcar» y donde vivo yo lo llamamos «sal», pero es la misma cosa.

La otra sabía que el sabor del azúcar y el de la sal eran muy diferentes, así que estaba segura de que algo no encajaba.

Después de pensar un momento, le dijo:

—Abre la boca y déjame ver qué tienes dentro.

Cuando la hormiga de la sal abrió la boca, la otra vio un gran trozo de sal.

—Ahí está el problema. Sácate eso de la boca y luego vuelve a intentarlo.

La hormiga lo hizo, volvió a probar el azúcar y finalmente pudo saborear su dulzura.

—¡Vaya, es increíble! ¡Delicioso! —exclamó—. Tan dulce que nunca volveré a mi colina de sal.

En la vida, para dar un paso, tienes que dejar atrás el anterior. El éxito se basa en nuestra capacidad de evolucionar, de aprender y crecer. Para evolucionar, tenemos que quedarnos con lo bueno y dejar atrás lo que no nos hace falta.

Cuanto más hagamos eso, más éxito tendremos. Este cuento también nos muestra cómo, a veces, nosotros mismos somos nuestro peor enemigo. Tendemos a no aceptar las cosas como son y a verlo todo a través de nuestros propios filtros.

Algunas personas me preguntan: «Pero ¿tengo elección? ¿No está todo escrito en las estrellas?». Como si las cartas ya se hubieran repartido y no fueras tú quien decide.

Mi respuesta es: «No, no está escrito en las estrellas». Nuestra propia confusión nos lleva a elegir mal, y eso genera la mayor parte de nuestros problemas. Cuando logramos dejar de lado nuestras ideas sobre cómo deberían ser las cosas, podemos empezar a verlas tal como son. Entonces tendremos toda la gama de opciones para poder elegir.

09

Cuando empezamos a elegir de forma consciente es como si encendiéramos una lámpara.

Encender una lámpara, por pequeña que sea, nos permite ver cosas que en la oscuridad no podíamos ver. Elegir de manera consciente se convierte en tu fuerza, en esa lámpara que disipa la oscuridad.

10

El mundo está lleno de problemas, pero también hay mucha alegría. Puede que estés viendo una gruesa capa de nubes grises, pero por encima de ellas hay un cielo azul espléndido, está despejado y brilla el sol. La pregunta es: ¿Dónde quieres estar? La decisión es tuya.

Los loros sabios

Había una vez un hombre al que le gustaban los loros. Un día decidió que quería criar los loros más sabios del mundo, así que compró dos huevos y los puso a empollar en un lugar calentito hasta que rompieron el cascarón. Después, mientras crecían, les fue enseñando todo lo que sabía. Les enseñó ciencias e historia y tocó música para ellos. Los loros fueron aprendiendo cosas cada vez más complejas y cuando llegaron a adultos sabían muchísimas cosas. Podían entonar las sinfonías de Beethoven a la perfección. Sabían de memoria las leyes de física de Newton y conocían todo tipo de fórmulas.

Pero un día el hombre falleció, dejando a los loros solos en la casa.

Cuando sus familiares vinieron a poner en orden sus pertenencias, los encontraron. Y como ninguno quería hacerse cargo de ellos, pusieron la jaula frente a una ventana y la dejaron abierta.

Los loros saltaron a la rama de un árbol cercano. De allí treparon hasta otra más alta, donde había un loro silvestre y entablaron conversación con él.

—Nosotros hemos estudiado muchas cosas —dijeron—. Tenemos conocimientos de ciencias, música y literatura.

Viendo que lo habían impresionado, siguieron alardeando de su talento, recitando poemas y fórmulas. El otro los miraba cada vez más asombrado por todo lo que sabían, comparado con lo poco que sabía él.

Pero mientras los loros estudiosos entonaban una sinfonía, vio por el rabillo del ojo que al pie del árbol había un gato que los había descubierto y ya estaba empezando a trepar por el tronco.

Entonces les preguntó:

—¿Sabéis volar?

—Por supuesto que sabemos —respondieron—. La presión del aire bajo el ala es mayor que la del aire sobre ella y eso nos permite volar.

—No, no. No me refiero a la teoría. Lo que estoy preguntando es si sabéis volar de verdad.

—No. Pero con todo lo que sabemos, ignorar esa pequeñez seguramente no tiene ninguna importancia.

El otro loro extendió sus alas y mientras echaba a volar se despidió diciendo:

—Habéis estudiado mucho, pero la única cosa verdaderamente indispensable no la sabéis. Buena suerte.

¿Te acuerdas de cuando estabas aprendiendo a montar en bicicleta?

«Pedalea, pedalea, pedalea; mira hacia adelante y mantén el equilibrio». Seguramente la persona que te enseñaba te dio ese consejo. Pero aunque lograras recordarlo, siempre acababas en el suelo, una y otra vez te volvías a caer. Hasta que un día, de pronto lo lograste. Encontraste tu equilibrio. Y una vez que sientes eso, ya sabes andar en bicicleta, con o sin la fórmula.

El cuento de los loros y el ejemplo de la bicicleta nos muestran la diferencia que hay entre la información académica y el conocimiento práctico.

En la era en que vivimos abunda la información. Hay más graduados universitarios que nunca. Sin embargo, eso no nos ha ayudado a resolver los problemas globales que tenemos. Todo parece estar volviéndose cada vez más complejo y problemático.

La información es importante pero, en las cosas fundamentales de la vida, necesitas saber. Tienes que sentirlo, tiene que ser real para ti, para que puedas aplicarlo de forma práctica en tu vida.

12

Crecer es como estar en un gran velero. Empiezas en la
cubierta y desde allí ves hasta cierta distancia. Si trepas un
poco por el cordaje, llegas a ver algo más lejos. Si subes
más alto, la vista abarca aún más. Si sigues trepando
y llegas al puesto de vigía, ves todo lo que rodea al navío
y muchísimo más. Crecer no consiste en crear nuevos
paisajes. El crecimiento es el proceso por el que llegas
a ver con claridad, a ver las cosas tal como son.

La paz

Los conflictos ocurren a tres niveles.
El primero es entre dos países.
El segundo es entre dos personas.
El tercero es el que tiene lugar dentro del individuo.
El conflicto del individuo
termina por crear un conflicto entre personas,
y el conflicto entre personas
desemboca en un conflicto entre naciones.

13

Todas las guerras que vemos en el mundo y todos los desacuerdos que tenemos con quienes nos rodean, tienen su origen en el interior de los seres humanos.
Podemos detener por un tiempo las guerras externas, pero si no resolvemos el conflicto que hay dentro de nosotros, tarde o temprano eso hará que vuelvan a surgir las guerras.

El primer paso consiste en lograr que los individuos cultiven y practiquen la paz en su corazón. Cuando haya suficientes personas capaces de hacerlo, podremos acabar con las guerras.

14

Para hallar paz no necesitas subir a la cima de una montaña muy alta y convertirte en alguien que no siente ni expresa emociones. Basta con que busques en tu interior. La verdadera paz, la paz que puedes experimentar, no está en otro lugar. Está dentro de ti.

15

¿Has hecho las paces contigo mismo?

El pícnic de las tortugas

Un día, una familia de tortugas decidió ir de picnic. Prepararon la comida, bebidas y una manta para sentarse, metieron todo en una cesta y salieron a buscar un buen sitio para comer.

Como las tortugas caminan muy despacio, les llevó mucho tiempo encontrar el lugar perfecto.

Una vez allí, tendieron el mantel y sacaron los sándwiches y las bebidas.

—¡Oh, no! —exclamó mamá tortuga—. Olvidé traer el abrebotellas. Cariño, por favor, vuelve a casa y tráemelo —le pidió mamá tortuga a su hijo mayor.

—¡No quiero ir! —dijo el niño.

—¿Por qué?

—Porque si me voy, él se comerá mi sándwich —
respondió señalando a su hermano menor.

—Te prometo que no se lo comerá —le aseguró su madre.

Siguieron discutiendo un rato, pero finalmente el hijo
mayor aceptó y se fue a buscarlo.

Una semana después, el hermano menor empezó a sentir
hambre.

—¿Tú crees que mi hermano volverá? Tengo hambre
y querría comerme ese sándwich —dijo el pequeño,
señalándolo.

—Esperemos un poco más —respondió su madre.

Dos días más tarde, el pequeño, que ya tenía mucha
hambre, volvió a insistir:

—Me estoy muriendo de hambre. ¿Puedo comérmelo ya?

—Bueno —dijo el padre—. Ha pasado mucho tiempo desde que tu hermano se fue. Puedes comértelo, hijo.

Cuando el pequeño estaba a punto de dar el primer mordisco, su hermano mayor, que había estado todo el tiempo espiando escondido detrás de un árbol cercano, salió gritando:

—¡Lo sabía! ¡Sabía que te lo ibas a comer!

Así está el mundo hoy en día. Hay mucha desconfianza, tanto entre las personas como entre las naciones, y tendemos a no respetar la dignidad de los demás. En lugar de ocuparnos de hacer lo que hay que hacer, nos dedicamos a vigilarnos mutuamente con desconfianza. En lugar de unir fuerzas para resolver los verdaderos problemas de la humanidad, nos dedicamos a señalarnos unos a otros con el dedo.

Las razones y los sistemas de los seres humanos se han vuelto más importantes que la humanidad misma.

Me he pasado la vida dirigiendo la atención de las personas hacia la paz que tenemos dentro, esa paz que necesitamos sentir, porque ese es el elemento que nos falta.

Para todo lo demás somos muy buenos. Hemos mandado un cohete a la Luna, hemos creado diminutos teléfonos móviles, hemos eliminado el dinero y podemos comprar cosas con tarjetas de plástico. Hemos progresado mucho tecnológicamente, pero la paz interior y la dignidad humana no progresan. Cada uno de nosotros tiene que desarrollar su propia comprensión interior y luego hacer todo lo posible para incrementar la conciencia de la humanidad, para que podamos unirnos todos y buscar la solución de los problemas a los que nos enfrentamos.

17/

De bebé, cuando necesitabas algo, llorabas; y cuando estabas satisfecho, sonreías. En lo esencial, nada ha cambiado desde entonces.

Empieza a darte cuenta de tu necesidad de sentirte satisfecho, porque cuando puedas reconocerla, habrás dado el primer paso para hacer que se haga realidad en tu vida.

18

Inviertes mucha energía en estar cómodo. Para estar cómodo de noche, te compras una buena cama. Para tener zapatos cómodos, antes de comprarlos te los pruebas, caminas un poco por la tienda y te aseguras de que te quedan bien. Todos hacemos ese esfuerzo para que nuestro cuerpo esté cómodo.

Pero ¿invertimos también en sentirnos cómodos por dentro? ¿O sencillamente nos acostumbramos a estar vacíos, a experimentar confusión, a sentir rabia?

¿Nos conformamos, nos apañamos, en lugar de florecer? Eso sería como probarnos unos zapatos que tienen un clavo en la suela y decir: «Me quedan bien».

Cuando tocamos algo caliente, nuestro cuerpo está programado para retirar la mano. Todos tenemos ese instinto de protección, pero ¿no tenemos también otro instinto que nos empuja a sentirnos a gusto?

Si sentirte bien por dentro es un deseo que te surge de manera natural, deberías ocuparte de hacerlo realidad.

19/

Dentro de nosotros hay un jardín. Un jardín donde no llega
la confusión del mundo exterior. Un jardín que nadie
puede perturbar.

En el mundo que nos rodea hay amor y odio, expectación
y misterio. El drama cotidiano sigue su curso. Sin embargo,
en tu interior hay un lugar donde puedes ser tal como
eres. Sin falsedades ni mentiras. Donde puedes estar
completamente a tus anchas.

Dentro de cada persona existe ese jardín.

Deja de lado los roles que desempeñas a diario. En ese
jardín interior puedes estar contigo, ser tú mismo. Solo tú
mismo.

20

Si te quitaran la libertad, si te ocurriera algo terrible, aun así, nada podría arrebatarte lo más valioso que llevas en tu interior.

Tú debes elegir si harás o no un esfuerzo por conocer lo que tienes dentro. La elección es tuya.

Tal vez llegue un punto en tu vida en que pienses: «Ya está, se acabó todo». En ese momento, recuerda que lo más importante sigue estando en tu interior y siempre estará ahí. Lo que llevas dentro es verdaderamente tuyo.

La vida

¿Cómo estás viviendo tu vida?
¿Vives en el ayer
que nunca volverá?
¿O en el mañana
que nunca llegará?
El único lugar en el que puedes vivir
es el momento llamado «ahora».

21

25.550 días.

El promedio de vida de una persona es de
setenta años.
Es decir, 25.550 días.
¿En qué vas a usar el día de hoy?

22

¿Cuántas veces al día miramos el reloj?

¿Comprendemos lo que ese reloj nos está diciendo?

Nos está diciendo que no estaremos aquí para siempre.

El tiempo se mueve en una sola dirección y cuando el tuyo

se acabe, no habrá forma de prolongarlo.

¿Qué significa eso para ti?

23

Los árboles no miran el calendario ni se dicen unos a otros: «Mañana empieza la primavera, vamos a celebrarlo. ¿Estás listo para florecer?».
El árbol simplemente sigue el ir y venir del ciclo natural de las estaciones.

A tu vida también debería llegar la primavera, deberías florecer y celebrar que hoy estás vivo.
Cuando llegue su momento, el árbol florecerá. Cuando llegue el tuyo, aprovecha la oportunidad.

24

Vive este momento

A menudo oímos que la vida es un regalo.

A veces nos cuesta verlo de esa manera.

Oímos decir que la vida es muy valiosa. Pero en la atareada rutina de la vida diaria muchas veces lo olvidamos.

Todos los días suena el despertador y empieza nuestra rutina. Ya sabemos lo que tenemos que hacer.

«Tengo que ir a la parada del autobús, tengo que tomar el tren, tengo que llegar puntual a mi trabajo».

Damos más prioridad a todos esos «tengo que» que a la vida misma.

Algunas personas viven siempre con prisa: «¡Más rápido, más rápido!».

¿Por qué corres? ¿Acaso no sabes lo que nos espera al final de este viaje?

Es evidente.

Quieren acelerar, pero el tiempo no les permite hacerlo.

El tiempo es un fenómeno interesante. A veces pasa lento, a veces pasa rápido. Pero no te permite ir ni más lento ni más rápido que él.

Estás atrapado en este pequeño bote que va navegando por el río a su propio ritmo.

El propósito de esta vida no es llegar al final, sino vivir el «ahora». Sentir lo que tenemos dentro. Disfrutar de cada instante.

Vive este momento, cada momento.

25

Si quieres entender por qué estás vivo,
céntrate en el momento llamado ahora.
Tu vida, tu plenitud, tu existencia,
todas esas cosas residen en el «ahora».

26

Cuando creas que has llegado a un callejón sin salida en tu vida, vuelve atrás y tómalo como el comienzo de un nuevo camino. Si aprendes a vivir de esa manera, todos los días podrás sentirte totalmente satisfecho.

Siempre podrás encontrar algo hermoso, aun el día en que la situación parezca desesperada.

27/

Tus acciones han producido los resultados
que ves en tu vida en este momento.
Si esos resultados no te gustan,
tienes que cambiar tu forma de actuar.

De ratones y reyes

El rey mandó a llamar a su cocinero y le dijo:

—Quiero que hoy me prepares el postre más delicioso del mundo.

El chef asintió y volvió a la cocina.

La petición podría parecer razonable, pero el problema era que se repetía día tras día. El rey quería el postre más delicioso todas las noches, y esa rutina estaba empezando a agotar al chef, porque, por mucho que se esforzara, el rey nunca quedaba satisfecho. «El postre más delicioso del mundo»; la misma cantinela todos los días, noche tras noche.

Bueno, ese día iba a hacer algo al respecto, le daría al rey algo que nunca olvidaría.

¡Y vaya si tuvo que recordarlo! Después de la cena, le presentó el postre más espectacular que se pueda imaginar. Su aroma llenaba el palacio.

A todos se les hacía la boca agua con solo olerlo. Esa noche el chef se había superado a sí mismo.

Mientras empezaba a disfrutar del postre, el rey se dio cuenta de que el maravilloso aroma había atraído a todos los ratones del palacio. La mesa empezó a llenarse de ellos. Estaban por todas partes, trepaban por las cortinas y ni siquiera la barba del rey se salvaba de ellos, porque buscaban hasta la última migaja del postre.

Era un real desastre. Había ratones por todos lados, sobre la alfombra, sobre los cuadros, trepando por los tapices... Y seguían viniendo cada vez más.

Se convocó una reunión de emergencia para resolver el problema.

—¿Qué hacemos? —dijo el rey, aclarándose la garganta—. Los ratones nos han invadido. ¿Alguna idea?

Los ministros, después de deliberar entre ellos, respondieron:

—Su Majestad, hemos llegado a la conclusión de que para eliminar los ratones hay que traer gatos.

En ese momento parecía razonable.

Llamaron al general y le ordenaron reunir todos los gatos del reino y llevarlos al palacio inmediatamente.

Pronto empezaron a llegar y eso efectivamente acabó con los ratones. Pero ahora el palacio estaba lleno de gatos.

Gatos y más gatos, ¡gatos por todas partes! Arañándolo todo, echados sobre el mobiliario real y afilándose las uñas en los cortinajes reales. Los maullidos y ronroneos constantes eran casi ensordecedores.

Hubo que convocar otra reunión, y el rey comenzó preguntando:

—Bueno, ¿alguna otra idea?

Después de una acalorada discusión, los ministros llegaron a un acuerdo:

—Su Majestad, como a los gatos no les gustan los perros, traigamos perros.

Así que ordenaron al general reunir todos los perros del reino y llevarlos sin demora al palacio.

Pronto los perros reemplazaron a los gatos. Ahora solo se oían ladridos, y además, los perros eran un poco menos discretos con sus hábitos de higiene personal.

Se convocó otra reunión en la que se decidió que, como los perros temen a los tigres, la solución era reunir todos los tigres del reino y llevarlos al palacio.

Pronto los perros empezaron a desaparecer y el palacio se llenó de tigres.

Eso creó un problema muy serio, no solo porque eran muy feroces, sino también porque nadie se atrevía a mover ni un músculo por miedo a ser atacado.

Con grandes dificultades organizaron otra reunión, en la que se decidió traer elefantes al palacio inmediatamente, pues los tigres tienen miedo de los elefantes.

En cuanto empezaron a llegar los elefantes, los tigres huyeron, pero entonces la situación era peor que antes. No había forma de moverse. El palacio estaba lleno de elefantes que lo destrozaban todo y la situación era absolutamente intolerable. Todo se llenó de estiércol de elefante y el hedor era indescriptible.

Hubo otra reunión y esta vez se decidió traer ratones, pues a los elefantes les asustan los ratones.

Una vez más, el general cumplió las órdenes. A medida que fueron llegando los ratones, los elefantes se marcharon. Y todo volvió a estar como al principio, con ratones por todas partes.

Al final el rey se dio cuenta de que la culpa de todo aquel desastre era suya, porque, sin su glotonería, nada de eso habría ocurrido.

Cuando surge un problema, tendemos a buscar soluciones inmediatas, en lugar de tratar de encontrar la solución de fondo.

Cuando no logramos entender la verdadera naturaleza del problema que tenemos entre manos, lo que hacemos para salir del paso casi siempre crea problemas aún mayores, haciéndonos perder tiempo y recursos muy valiosos.

¿Cuáles son las causas fundamentales de los problemas que tienes en tu vida en este momento?

Gratitud

El viaje de tu vida comenzó con tu primer aliento.
El ir y venir de ese aliento no ha parado nunca
desde entonces
y te acompañará durante toda la vida,
hasta el último instante.
Da gracias por estar vivo.
Aprecia esta existencia.

29/

La respiración te da la vida.
Cada aliento, cuando llega, es un verdadero regalo.
Préstale atención cuando esté entrando en ti.
Cuando sientes que tu propio aliento te trae la vida
es una fuente de bienestar y plenitud.

30

Si alguna vez te sientes pequeño e insignificante, recuerda el milagro del aliento que está ocurriendo en tu interior. Recordar y agradecer el aliento, con un poco de esfuerzo por tu parte, puede convertirse en un hábito.

No permitas que nada interfiera con tu gratitud por esta vida. Si hay conflicto dentro de ti, acaba con él y pon tu atención en la sencilla alegría de estar vivo, en el sencillo regalo del aliento.

Un pequeño esfuerzo tuyo en ese sentido puede traerte una hermosa claridad y renovar tu pasión por la vida.

31

Tienes una increíble capacidad de agradecer. Y no me refiero a cuando dices «gracias» si alguien te abre una puerta. Ese es un tipo de gratitud, pero también hay otra. Cuando tu capacidad de agradecer se sintoniza con tu existencia, con el ir y venir de tu aliento, surge un tipo de gratitud muy especial.

Cuando comprendes que tienes la capacidad de sentir, que puedes encontrar respuestas dentro de ti, que eres capaz de experimentar plenitud, el agradecimiento brota desde tu interior.

No necesitamos mejorar nuestra capacidad de sentir gratitud. Lo que necesitamos es aceptarla y darnos cuenta de que es uno de los poderes más increíbles que tenemos.

32/

Son muchos los que piensan: «Necesito tal cosa; si consiguiera eso, sería feliz». Y muy pocos los que piensan: «Soy feliz porque en este preciso instante estoy vivo».

Si no comprendes que el hecho mismo de estar vivo es una fuente de felicidad, por mucho que sepas, te seguirá faltando una pieza clave del rompecabezas.

33

Lo que buscas está en tu interior.
Todas las respuestas que buscas
ya están dentro de ti.

34/

El anciano y su vaso de leche

Había una vez un anciano muy rico al que le gustaba beber un vaso de leche caliente antes de irse a dormir. Cada noche su criado se lo preparaba y se lo llevaba al dormitorio.

Pero todas las noches el criado pensaba en lo buena que debía de estar la leche, hasta que un día decidió beberse la cuarta parte y llenar el resto del vaso con agua.

Al beberla, el anciano pensó: "¡Qué raro! ¡Parece que está aguada! ¿Me estará engañando mi criado?".

Así que contrató a otro criado para vigilar al primero.

Llegada la noche, como de costumbre, el primer criado preparó la leche y separó una cuarta parte para él.

Cuando el segundo lo vio, le dijo:

—¿Y yo? Me han contratado para que te vigile, pero si me das a mí también una parte, no diré nada.

Esa noche la leche estaba aún más aguada, de modo que el anciano contrató a un tercer criado para vigilar a los dos primeros.

Cuando estos separaron su parte, el tercero dijo:
—¿Y yo qué, muchachos? Mantendré la boca cerrada si también me dais algo a mí.

Esta vez en el vaso había tres cuartas partes de agua y solo una de leche. El anciano se enfureció y contrató otro criado más, dándole órdenes precisas de que vigilara a los otros tres.

Al día siguiente, cuando los tres criados tomaron cada uno su parte, el cuarto dijo:

—¿Y para mí qué?

—Si sacamos también una parte para ti, no quedará nada para el amo —le respondieron los otros.

—No hay problema, tengo una idea —dijo el cuarto criado.

Esta vez el anciano esperó y esperó, pero como la leche no llegaba, al rato se quedó dormido. Entonces el cuarto criado entró de puntillas en el dormitorio y, con mucha suavidad, le puso espuma del fondo del vaso de leche alrededor de la boca.

A la mañana siguiente, el anciano se despertó furioso, llamó a los cuatro criados y les dijo:

—Os pago a los cuatro para que me traigáis un vaso de leche antes de irme a dormir y me la estáis robando. Anoche no me la trajisteis.

—Sí que lo hicimos amo, créanos —dijeron los criados—. Mírese en el espejo.

El anciano fue al cuarto de baño y, por supuesto, al mirarse vio que tenía espuma alrededor de los labios. Entonces pensó: «Tal vez tienen razón y anoche la bebí».

La verdadera felicidad y la verdadera gratitud son sentimientos que brotan de nuestro interior y no dependen de algo externo, como trabajar en una empresa de éxito, o ser dueño de una casa preciosa. Está bien tener cosas así, pero la felicidad y la gratitud no dependen de una fórmula. No seas como el anciano de esta historia, no te guíes por las apariencias. Cuando sientes agradecimiento dentro de ti, sabes que eso es real. Y también sabes lo valioso que es para ti.

35

Cuando algo te conmueve, eso te conecta con un sentimiento de gratitud. Cuando sientes esa gratitud, eso enciende tu pasión por la vida. Cuando experimentas esa pasión dentro de ti, eso te permite ser compasivo y te hace evolucionar.

Conmoverte, sentir gratitud y experimentar pasión por la vida te vuelve compasivo y te hace crecer.

Todo esto puedes experimentarlo, puede llegar a ser algo cotidiano en tu vida.

Si lo logras, las dudas, el odio y la ira se convertirán en sentimientos ajenos a ti.

Semillas

Cada cosa que ocurre en tu vida tiene su origen
en una semilla que tú sembraste.

¿Qué semillas quieres sembrar?

36

Cuando llegamos a esta vida recibimos distintas semillas. La semilla de la bondad y la de la ira, las semillas del amor, la comprensión, la duda y la confusión. Según cuáles sembremos en la tierra de esta vida, así serán los árboles que veremos en nuestro jardín. Algunos tendrán hermosas flores y otros una savia pegajosa y desagradable. Todos nacen de pequeñas semillas, pero al brotar y crecer van manifestando sus características particulares. Algunas de ellas nos gustarán y otras no.

Tú decides qué semillas plantar y cultivar en tu vida.

37/

El arquero y el vendedor de aceite

En otros tiempos había personas que iban de aldea en aldea ganándose modestamente la vida vendiendo distintas cosas o exhibiendo sus habilidades.

Una de esas personas era un arquero que había practicado su arte desde muy joven hasta llegar a dominarlo a la perfección. Iba de feria en feria haciendo demostraciones en las aldeas, donde cualquier entretenimiento era bienvenido.

El arquero instalaba un pequeño blanco y luego exhibía su destreza, lanzando flechas que clavaba sobre las que ya habían dado en el centro del blanco, abriéndolas por la mitad. Los aldeanos siempre disfrutaban de sus

demostraciones, aplaudían y le animaban a ejecutar más proezas como esas, que parecían casi imposibles.

A lo largo de los meses y los años, el arquero fue adquiriendo una gran reputación por su habilidad, pero a la vez su ego se fue inflando de manera exagerada. Pero un día, mientras exhibía su destreza en una feria local, sucedió algo inesperado.

La multitud que se había reunido para presenciar su demostración aplaudía y le animaba, pero cuando terminaron los aplausos, se oyó al fondo del público una voz que decía:

—¡Bah!, es solo cuestión de práctica.

El arquero pensó: «El tonto que nunca puede faltar». No hizo caso y volvió a concentrarse. Lanzó otra flecha provocando nuevas aclamaciones y aplausos, seguidas del mismo comentario irritante:

—¡Bah!, es solo cuestión de práctica.

No obstante, se concentró de nuevo y volvió
a impresionar al público. Pero como se había puesto muy
nervioso, terminó antes que de costumbre y fue a buscar al
hombre que había estado haciendo aquellos comentarios
tan molestos.

Entre la multitud vio a un vendedor de aceite sentado
junto a sus dos barriles y un montón de botellas vacías.

—¡Oye!, ¿eras tú el que decía que es solo cuestión de
práctica? —preguntó el arquero.

—Sí, era yo.

—¿Qué quieres decir con eso de que es solo cuestión de
práctica? ¿No sabes que soy el mejor? No hay quien me
supere. Nadie puede hacer lo que yo hago.

—Cálmate, tranquilo... Tú lo haces bien porque has
practicado mucho. Si no hubieras practicado tanto, no serías
tan bueno.

—Si fuera solo cuestión de práctica, cualquiera podría hacerlo, pero el único que lo consigue soy yo.

—Déjame mostrarte algo —dijo el humilde vendedor. Sacó del bolsillo una moneda con un agujero en el centro y la colocó sobre la boca de una botella vacía. Levantó uno de los pesados barriles y fue vertiendo aceite a través del agujero de la moneda hasta llenar la botella, sin derramar una sola gota.

Luego se volvió hacia el arquero y le dijo:

—Ahora inténtalo tú.

El arquero, comprendiendo que no tenía ninguna posibilidad de hacerlo, se dio cuenta de que realmente era cuestión de práctica y miró al vendedor como disculpándose.

—Amigo mío —le dijo este—, tú lanzas flechas todos los días y gracias a eso has llegado a ser un excelente arquero. Yo todos los días vierto aceite y por eso he llegado a hacerlo tan bien. Como ves es solo cuestión de práctica.

Algunas personas pasan la mayor parte de su vida irritadas. Todo las enfurece: discutir con su familia, recibir una reprimenda de su jefe... todo.

El problema es que si lo practicas todos los días, acabarás siendo un experto en irritarte. De hecho, terminarás siendo experto en cualquier cosa que practiques a diario, sea lo que sea.

Si practicas la comprensión, te harás experto en comprensión, pero si practicas la ira, lo que perfeccionarás será la ira.

Si actuamos la mayor parte del tiempo de forma inconsciente, la inconsciencia llegará a ser la respuesta automática en nuestra vida.

¿En qué quieres llegar a ser experto?

38

Cuando el desierto florece

El Sáhara es un lugar inhóspito, seco y polvoriento. El paisaje
es árido y poco colorido. El viento sopla y reseca la arena y el
suelo. El sol evapora implacablemente la poca humedad que
queda, calcinando y endureciendo el suelo. Hay zonas donde
parece que nada podría sobrevivir y no se ve ninguna señal de
vida.

Sin embargo, bajo la superficie hay innumerables semillas
esperando la oportunidad de germinar, esperando a que
llueva. A veces pasan diez años sin que caiga una sola gota.
Nada indica que vaya a llover, y no hay ninguna garantía de
que en algún momento llueva.

En esas circunstancias, no debe de ser fácil esperar pacientemente y mantener viva la esperanza. Pero las semillas lo hacen.

Esperan y se mantienen siempre dispuestas, preparadas para brotar en cuanto llegue la lluvia.

Un día, aparecen las nubes, el aire se hace más húmedo y el sonido distante de los truenos anuncia la llegada de la lluvia.

Y a medida que aumenta la humedad, empieza a respirarse un dulce perfume.

Cae una gota, después otra, y al poco tiempo es un aguacero. El agua penetra profundamente en el suelo y esas semillas que esperaron durante tanto tiempo comienzan a revivir. Germinan y crecen, poniendo en ello toda su energía.

Pronto el desierto se cubre de brillantes colores: rojo, azul, anaranjado... las flores despliegan su maravilloso espectáculo.

Un desierto florecido es una explosión de vida y de belleza.

Las semillas no desaprovechan la oportunidad ni ponen excusas. No se plantean: "Creía que no iba a llover hasta la semana que viene".

Están siempre preparadas, esperando la oportunidad.

En nuestro interior también hay semillas que esperan pacientemente su oportunidad de florecer.

La semilla de la plenitud espera la lluvia de la claridad.

Está esperando a que decidas sentirte pleno. Cuando tomes la decisión y la pongas en práctica, esas semillas latentes desplegarán todo su esplendor.

39

Hay una enfermedad que está socavando a la humanidad y que es difícil de curar una vez que la contraes. Es el mal de la inconsciencia, la enfermedad de vivir esta vida de manera inconsciente.

Yo recorro el mundo diciendo: «La libertad está dentro de ti». Hablo de esa libertad en las cárceles, a los presos, que pensamos que son quienes menos libertad tienen.

¿Qué es la libertad?

Si quieres sentirla, tendrás que curarte de la enfermedad de la inconsciencia. Y hay una cura: comprender el valor de tu existencia, darte cuenta de lo valiosa que es. Entonces, estés donde estés, podrás sentir la verdadera libertad que existe dentro de ti.

40

Descubre cuál es el sueño más importante para ti. Ese sueño no es llegar a la cima de la montaña más alta del mundo. Tu sueño es experimentar la plenitud.

41

Fuerte como el agua

El río fluye libremente, sin preguntarle a nadie por dónde debe ir. Simplemente busca el curso que más le conviene. Si en su camino se encuentra con una roca que le dice: «Yo de aquí no me muevo, tendrás que rodearme», el agua responde humildemente: «Está bien, cambiaré mi curso». La roca cree que ha ganado, pero no conoce la verdadera fuerza del agua.

El agua es persistente y poco a poco la irá desgastando. Con el tiempo, la roca tendrá que ceder y el agua terminará fluyendo por el lugar que antes ocupaba esa roca.

Los cañones y desfiladeros dan testimonio de la fuerza del agua que, con gran humildad, no se rinde, sigue fluyendo y lentamente va erosionando la roca. Al final la sólida roca termina cediendo frente al agua, que es delicada y flexible.

El agua transforma a la testaruda roca en arena y se la lleva muy lejos.

42

Un corazón desbordante de gratitud es una fuente de increíble felicidad.

Cuando comprendes y aceptas lo que es realmente valioso, te sientes bien.

Cuando no estás atrapado yendo y viniendo del ayer al mañana y te arraigas firmemente en el momento llamado "ahora", te sientes bien.

Cuando no te apoyas en teorías, fórmulas o creencias, sino en la solidez del conocimiento del ser interior, te sientes bien.

Cuando sabes que tu mejor amigo está siempre contigo, dentro de ti, te sientes muy bien.

Lo más importante en tu vida es sentirte verdaderamente bien por dentro.

Siente esta vida, siente gratitud, deja que tu corazón se llene de alegría y empezarás a vivir de verdad.

Las relaciones

¿Qué podemos hacer
para relacionarnos bien con los demás?
Este es un tema importante
y es algo que nos interesa a todos.

Esta sección recoge preguntas y respuestas tomadas
de conferencias de Prem Rawat en distintos lugares
del mundo.

Un recluso, participante en el Programa
de Educación para la Paz,
cárcel Dominguez, San Antonio, Texas, EE UU (2012)

Mi esposa, con la que llevaba diez años casado, cree que
nunca lograré cambiar y me ha dejado. ¿Cómo puedo
demostrarles a ella y a mi familia que de verdad he
cambiado?

Prem Rawat: Si cambias solamente por ellos no funcionará.
El día en que cambies para ti mismo, ellos vendrán como
las abejas a la flor.
   Lo bueno es que no te has dado por vencido, y eso es
lo que te permitirá transformar tu vida.

Un recluso, participante en el Programa de Educación
para la Paz, cárcel de Hyderabad, India (2014)

¿Existe el karma? Y si existe, ¿tiene algo que ver con
que hayamos terminado en la cárcel?

Prem Rawat: Si te fijas, verás que estás donde estás
como resultado de tus elecciones. No tiene nada que
ver con tu karma.

Hace poco recibí un comentario de otro recluso.
Decía: «Por fin estoy aprendiendo que lo que me trajo
a la cárcel fueron mis decisiones, y que mis decisiones
podrán sacarme de aquí e impedir que vuelva». Pero
un espiritualista te dirá que estás ahí debido a tu
karma. Si estoy aquí por mi karma, ¿qué opción me
queda?

Un ser humano siempre tiene opciones. Siempre.
Terminaremos siendo el resultado de lo que elijamos.
La vida requiere que seas consciente y que elijas
conscientemente.

Un oficinista,

Osaka, Japón (2014)

Sr. Rawat, yo trabajo en la misma empresa desde hace cinco años y no me llevo bien con mi jefe. Tiendo a irritarme mucho y me resulta difícil mantener la calma y sentirme bien interiormente. ¿Cómo puedo mejorar mi relación laboral con él?

Prem Rawat: Puede parecer que la relación con tu jefe es una fuente de estrés e irritación, y tal vez sea así, pero hay otro factor más importante a tener en cuenta: ¿Qué está ocurriendo dentro de ti?

Cuando estás insatisfecho, cualquier cosa puede irritarte, pero cuando te sientes bien por dentro, aunque las circunstancias sean las mismas, puedes dejarlo pasar sin que te moleste. Por eso, lo más importante es resolver el conflicto que hay dentro de ti y crear una relación pacífica contigo mismo. Si partes de ahí, tienes muchas más posibilidades de lograr mantener relaciones pacíficas con otros. Por otro lado, la ira es una emoción natural del ser humano, y todos la sentimos en algún momento. Pero si empieza a ser tu manera normal de actuar, se convierte en un problema. Si te irritas todos los días, eso es lo que estás practicando, y acabarás siendo un experto en irritarte.

Te recomiendo que te hagas experto en sentirte bien por dentro. Poco a poco, día tras día, haz un esfuerzo consciente y verás el cambio.

Una madre,
Londres, Reino Unido (2015)

Mi hijo de dos años siempre les quita los juguetes
a otros niños e incluso se pelea con ellos para
conseguirlos. Yo quiero enseñarle a ser tranquilo
y amable. ¿Qué puedo hacer?

Prem Rawat: Los niños pequeños disponen de toda la
gama de emociones y las van a expresar todas, incluso
las más negativas como la ira y la codicia. No puedes
evitar que sientan y exploren esas emociones. Es un
proceso por el que tienen que pasar. Lo único que
puedes hacer es ofrecerles un buen entorno, brindarles
tu apoyo y tu amor. Con el apoyo adecuado, la mayoría
de los niños pasará por esas etapas en poco tiempo
y elegirá una forma más pacífica de interactuar con los
demás. No podemos elegir por ellos, pero sí brindarles
las mejores condiciones para que elijan bien.

Un padre,
Sao Paulo, Brasil (2012)

¿Cómo puedo hacer más feliz a mi familia?

Prem Rawat: Primero tienes que encontrar la felicidad
dentro de ti. El mejor regalo que le puedes hacer a tu
familia es ser un padre feliz. Y si quieres que sean aún más
felices, escúchalos atentamente cinco minutos. ¿Quieres
regalarle a tu esposa cinco minutos en el paraíso? Siéntate
y escúchala. Lo mismo se aplica tus hijos y, de hecho,
a cualquier persona. Escuchar de verdad es algo que
a menudo olvidamos hacer.

Un estudiante de secundaria,
Johannesburgo, Sudáfrica (2014)

Hace poco tuve una discusión con un amigo y dije algunas cosas desagradables que quisiera no haber dicho. ¿Cómo podemos evitar ese tipo de discusiones y problemas?

Prem Rawat: En cuanto una palabra sale de mi boca, el tiempo se apodera de ella y ya no puedo hacer nada. No puedo borrarla, modificarla ni cambiarla. También se apropia de cada una de mis acciones y, en cuanto las hago, dejo de tener control sobre ellas. Por eso, cada día tengo que hacer el esfuerzo de ser consciente de lo que digo, lo que hago, lo que entiendo, lo que acepto y lo que rechazo. Es un esfuerzo. No digo que lo haya dominado, porque no se trata de dominarlo, sino de hacer el esfuerzo continuamente. ¿Quién ha dominado la necesidad de beber agua? Nadie puede decir que lo haya logrado, que ya no necesita beber. Sientes sed todos los días, y todos los días tienes que beber agua. La conciencia es exactamente igual. Cada día, en cada momento, practica ser consciente.

Una mujer joven, clínica de desórdenes alimentarios,
Palermo, Sicilia, Italia (2015)

¿Es posible sentir paz a través de las relaciones afectivas?

Prem Rawat: Antes que nada, tienes que estar bien contigo misma, de lo contrario ninguna relación que tengas funcionará bien de verdad. Si tienes esa fortaleza, serás una buena compañera, una buena amiga, una buena madre. En las relaciones nos apoyamos unos en otros. Hay momentos en los que necesitamos ese apoyo. Como una silla en la que te sientas cuando no puedes mantenerte en pie. Pero si la silla es débil no soportará tu peso. Se romperá y acabarás en el suelo.

Si dos personas tienen cada una su propia fortaleza interior, pueden apoyarse mutuamente y ayudarse en los momentos difíciles. Pero si eres débil por dentro, lo más probable es que tus relaciones fracasen.

Una paciente anciana, clínica de desórdenes alimentarios,
Palermo, Sicilia, Italia (2015)

¿Qué amas y qué temes en la vida?

Prem Rawat: Amo la vida. Me fascina observar cómo
cambia y ver que si la moldeo correctamente,
evoluciona. Cada día nos trae un nuevo regalo, cada
día se abre una nueva flor. También tengo miedos,
y muchos. Como piloto, soy responsable de las vidas
de todos los pasajeros. Me preocupa el estado del
avión, el tiempo, el combustible... Temo muchas cosas.
Pero no tengo que quedarme con el miedo, puedo
modificarlo, hacer algo al respecto. El miedo puede
ayudarte o paralizarte. Puedes transformarlo con tus
acciones, prepararte y hacer lo necesario para evitar
que se materialice lo que temes. Debes ser consciente
y hacer un esfuerzo práctico. Vivir conscientemente
requiere mucha energía, pero es justo eso lo que lo
hace muy divertido.

Un estudiante universitario,
Barcelona, España (2015)

Me preguntaba si alguna vez has pasado por momentos difíciles, por uno de esos períodos en que los problemas parecen no tener fin.

Prem Rawat: Por supuesto que he pasado por momentos así, soy un ser humano. He tenido problemas que creí que nunca iba a poder resolver. Los problemas, cuando surgen parecen tan grandes como el mundo entero, gigantescos. Pero yo trato de recordar que su tamaño no puede superar la distancia que hay entre mis orejas. Solo existen dentro de esa pequeña caja que llamamos cráneo, y ese es el tamaño máximo que pueden tener.

Casi siempre mis problemas son el resultado de mis elecciones y también son mis elecciones las que pueden resolverlos.

El aliento entra en ti y, ¿sabes qué te está diciendo cada vez que lo hace? Ese aliento, lo más poderoso que existe, te dice: "¡Vamos, muévete, cambia, vive, existe!".

Un estudiante de secundaria,
Mazara del Vallo, Sicilia, Italia (2011)

¿Por qué los presidentes y líderes involucran a todo el mundo en sus conflictos? ¿Por qué no pueden sentarse a dialogar, en lugar de destrozar la vida de la gente?

Prem Rawat: Antiguamente, el rey se ponía al frente de sus tropas y las conducía a la batalla. Así que las negociaciones eran sumamente importantes, porque nadie quería morir. Hoy en día los líderes mandan a los demás a pelear mientras se quedan ellos en un lugar seguro. La guerra ni siquiera tendría que ser una opción. Matar a otra persona, sea por la razón que sea, debería ser algo inaceptable.

El presidente de una empresa,
Los Ángeles, California, EE UU (2015)

¿Podrías decirme cómo aplicar este mensaje en el mundo empresarial?

Prem Rawat: La estructura empresarial tiene un problema básico. Todo ser humano tiene sueños, objetivos que le gustaría lograr. Y la única forma de hacerlo que tiene esa persona es conseguir dinero para poder pagar el alojamiento, la comida, un coche, etc. Así que consigue un trabajo y la empresa le dice: "Trabaja para nosotros, te pagaremos, y con ese dinero podrás hacer lo que tú quieras". Pero la empresa tiene sus propios objetivos, y al poco tiempo le plantea: "Tienes que cumplir nuestros sueños, nuestros objetivos, no los tuyos". Entonces esa persona ya no tiene tiempo para sí misma, abandona sus sueños y sus aspiraciones. El resultado es que ya no encaja en la sociedad, y deja de llevarse bien con la familia y los amigos. Y lo peor es que tampoco está bien consigo misma. La paz ha desaparecido, los sueños han desaparecido. Ya solo espera la jubilación. Es algo muy triste.

Pero el éxito de una empresa depende de que las personas que trabajan en ella no tengan las baterías descargadas.

Este mensaje tiene que ver precisamente con eso, con cargar esas baterías. Cuando eso ocurre, los beneficios son enormes.

El presidente de la empresa: ¿Puedes hablar de manera más específica sobre esos beneficios?

Prem Rawat: Las personas que están desarrollando su potencial como individuos generalmente son más flexibles, más capaces de evolucionar, de asimilar nuevas ideas e información. En cambio, las personas que se sienten estresadas y frustradas en su vida diaria suelen tener poca capacidad de evolucionar y de absorber nuevas ideas, porque apenas consiguen mantenerse a flote. Los seres humanos satisfechos son creativos. La innovación en los negocios proviene de individuos que están desarrollando su potencial. La mayoría de las personas se enfrentan a los problemas con ideas preconcebidas sobre cómo solucionarlos. En cambio, si sus baterías están cargadas, eso les da la capacidad de encararlos desde un ángulo totalmente distinto. Este mensaje puede hacer que una persona se sienta plena y recupere la creatividad, el entusiasmo y la paz. Y, por supuesto, a la empresa le irá bien si a las personas que trabajan en ella les va bien. El mismo principio es aplicable a cualquier grupo de personas que trabajan con una meta común, ya sea una empresa, un equipo deportivo, una escuela o incluso una familia. Cuando un individuo desarrolla su potencial, eso genera enormes beneficios para todo el mundo.

Prem Rawat

Prem Rawat lleva muchos años
viajando para hablar a personas de todo el mundo.
Lo que sigue es una reseña de su vida y su trabajo.

Una vida entera dedicada a compartir un mensaje
universal por todo el mundo

Prem Rawat nació en 1957 en una pequeña aldea del norte
de India, en las afueras de Haridwar. Su padre, Shri Hans Ji
Maharaj, era una persona muy conocida y respetada que
hablaba sobre la paz interior y la plenitud. Prem aprendió
mucho de su padre, y fue él quien lo alentó a desarrollar su
talento natural de orador.

A la muerte de su padre, a pesar de tener solo ocho
años, asumió la responsabilidad de continuar su labor.
Comenzó a viajar y a hablar en distintos eventos durante
sus vacaciones escolares. Mucha gente se conmovía al ver
a un niño hablar con tanta claridad y sencillez sobre un
tema tan profundo.

En 1971, a los trece años, recibió invitaciones para hablar
en Londres y Los Ángeles, y emprendió su primer viaje fuera
de India. Desde entonces, Prem ha pasado más de cuarenta
años viajando por todo el mundo, dando conferencias en
más de doscientas cincuenta ciudades y dirigiéndose
a audiencias que suman más de quince millones de
personas.

Sus conferencias han sido traducidas a setenta y cinco idiomas. Habla tanto en reuniones pequeñas como en eventos con cientos de miles de personas. A uno de ellos, en Bihar, India, asistieron cerca de medio millón de personas.

Prem habla de algo sencillo y universal. Afirma que dentro de todas las personas hay una sed innata de satisfacción. Atravesando todas las barreras culturales, religiosas, económicas, políticas, de educación y de posición social, habla a gente de todo tipo y condición, desde presos hasta habitantes de regiones destrozadas por la guerra, llevando a todos el mismo mensaje.

Su trabajo ha sido reconocido a nivel mundial por numerosos gobiernos y organizaciones civiles. Ha sido invitado a hablar en lugares como el Palacio de Kensington, en el Reino Unido, y los parlamentos de la Unión Europea, de Italia, Argentina y Nueva Zelanda, así como en cárceles, foros y prestigiosas universidades de todo el mundo.

En noviembre de 2011, fue el orador principal del evento «Paz y Bienestar en la Unión Europea», convocado por el primer vicepresidente del Parlamento Europeo, Gianni Pittella. A dicho evento asistió una numerosa delegación internacional de políticos y representantes de instituciones interesadas en la paz, procedentes de toda la Unión Europea.

Como resultado directo de la inspiración del mensaje de Prem, se firmó una Declaración de Paz en el Parlamento Europeo, por primera vez en su historia.

En 2012, en Malasia, en una ceremonia denominada «7.000 millones de razones para la paz», Prem Rawat recibió el premio a la trayectoria de toda una vida de la Fundación Brand Laureate. Entre las personalidades que han sido distinguidas con este premio se cuentan Hillary Clinton y Nelson Mandela.

Hablando ante 130.000 personas en el Estadio Jawaharlal Nehru, Nueva Delhi, India, 2003.

Hablando en la celebración del 60° aniversario de las Naciones Unidas, en San Francisco, EE UU, 2005.

Hablando en la Unión Europea en el evento «Paz y Bienestar», junto al primer vicepresidente del Parlamento Europeo, Gianni Pittella, Bruselas, 2011.

La Fundación Prem Rawat (TPRF)

Además de su actividad como conferenciante, Prem ha
creado una fundación benéfica para ayudar a las personas
a vivir con dignidad, paz y prosperidad. Uno de los proyectos
de dicha fundación, «Food for People» (alimentos para la
gente), se originó como resultado de su visita a Bantoli, en
India, donde observó que, aunque los niños de la región
eran sanos de espíritu, sufrían de desnutrición severa.
Trabajando en coordinación con la comunidad local, la
fundación construyó unas instalaciones donde las personas
necesitadas reciben una comida diaria y agua potable. El
centro brinda apoyo a largo plazo a la comunidad.
Actualmente lo dirigen personas de la localidad con la ayuda
de la fundación. Su impacto ha sido enorme, llegando
incluso a disminuir las tasas de delincuencia. Gracias a la
mejora en la alimentación, por primera vez hay niños de la
región que han llegado a cursar estudios universitarios.

También hay instalaciones de Food for People en Ghana,
en Nepal y hay varias más en proyecto. El programa pone
mucho énfasis en respetar tanto la dignidad como la cultura
de las personas a las que asiste. La fundación trabaja junto

138

Respondiendo preguntas de reclusos en la cárcel Zonderwater, Sudáfrica, 2014.

Instalaciones del programa «Food for People» de la Fundación Prem Rawat en Otinibi, Ghana (izquierda) y Tasarpu, Nepal (derecha).

con ellas, combatiendo la pobreza desde sus raíces, con el objetivo de que la población local llegue a ser completamente autosuficiente. La Fundación Prem Rawat también presta apoyo en caso de terremotos, inundaciones y otros desastres, trabajando en coordinación con organizaciones de todo el mundo.

Otro aspecto de su labor es el Programa de Educación para la Paz (PEP), una serie de DVDs combinados con espacios para reflexionar y dialogar sobre diversos temas tales como la fortaleza, la elección, la esperanza y la paz personal. El curso se está impartiendo en 48 países por diversas organizaciones y grupos comunitarios, incluyendo universidades, programas para jóvenes, programas de educación para adultos, hospitales, centros de jubilados, cárceles y programas de libertad bajo palabra. Como resultado de su aplicación en las cárceles, se han constatado reducciones en la violencia y en las tasas de reincidencia. Citando a un guardia de la cárcel Dominguez, en San Antonio, EE.UU: "Después de casi cuatro años, el programa sigue ayudando a rehabilitarse a delincuentes que se reintegran a la sociedad y ya no vuelven a la cárcel. Quienes asisten al programa han mejorado notablemente su comportamiento y cometen muy pocas faltas disciplinarias o ninguna en absoluto".

Padre de cuatro hijos y apasionado de la fotografía

Cuando no está ocupado viajando por todo el mundo, Prem pasa el tiempo con su familia o dedicándose a alguno de sus muchos hobbies. Le gusta la pintura, la fotografía y componer música. Wadi, su hija mayor, dice de él: «Mi padre es increíblemente bondadoso, jovial y divertido. Siempre nos hace reír. Cuando éramos pequeños nos contaba unos cuentos fantásticos a la hora de acostarnos. Pone mucha dedicación en todo lo que hace, tanto en el trato con su familia como en su trabajo. Viendo su manera de actuar he aprendido que si uno mantiene la claridad, toma buenas decisiones y es constante en su esfuerzo, puede lograr muchas cosas».

Prem con su nieto

Índice

Título original: *Splitting the Arrow*

Primera edición: julio de 2018

© 2017, Prem Rawat
© 2018, Penguin Random House Grupo Editorial, S.A.U.
Travessera de Gràcia, 47-49. 08021 Barcelona
© 2018, de la presente edición en castellano:
Penguin Random House Grupo Editorial USA, LLC.
8950 SW 74th Court, Suite 2010
Miami, FL 33156
© 2018, por la traducción, José Luis Tubert
© 2018, por las ilustraciones: Aya Shiroi
Diseño: Takeshi Shindo

ISBN: 978-1-949061-13-0

Printed in USA

Penguin
Random House
Grupo Editorial